Veicolo per costruzioni
Libro da colorare

Coloring Pages for Kids

Coloring Pages for Kids
An imprint of Ciparum LLC

Veicolo per costruzioni Libro da colorare
© 2017 Ciparum LLC
All rights reserved.
ISBN-10:1-63589-332-1
ISBN-13:978-1-63589-332-8

Coloring Pages for Kids

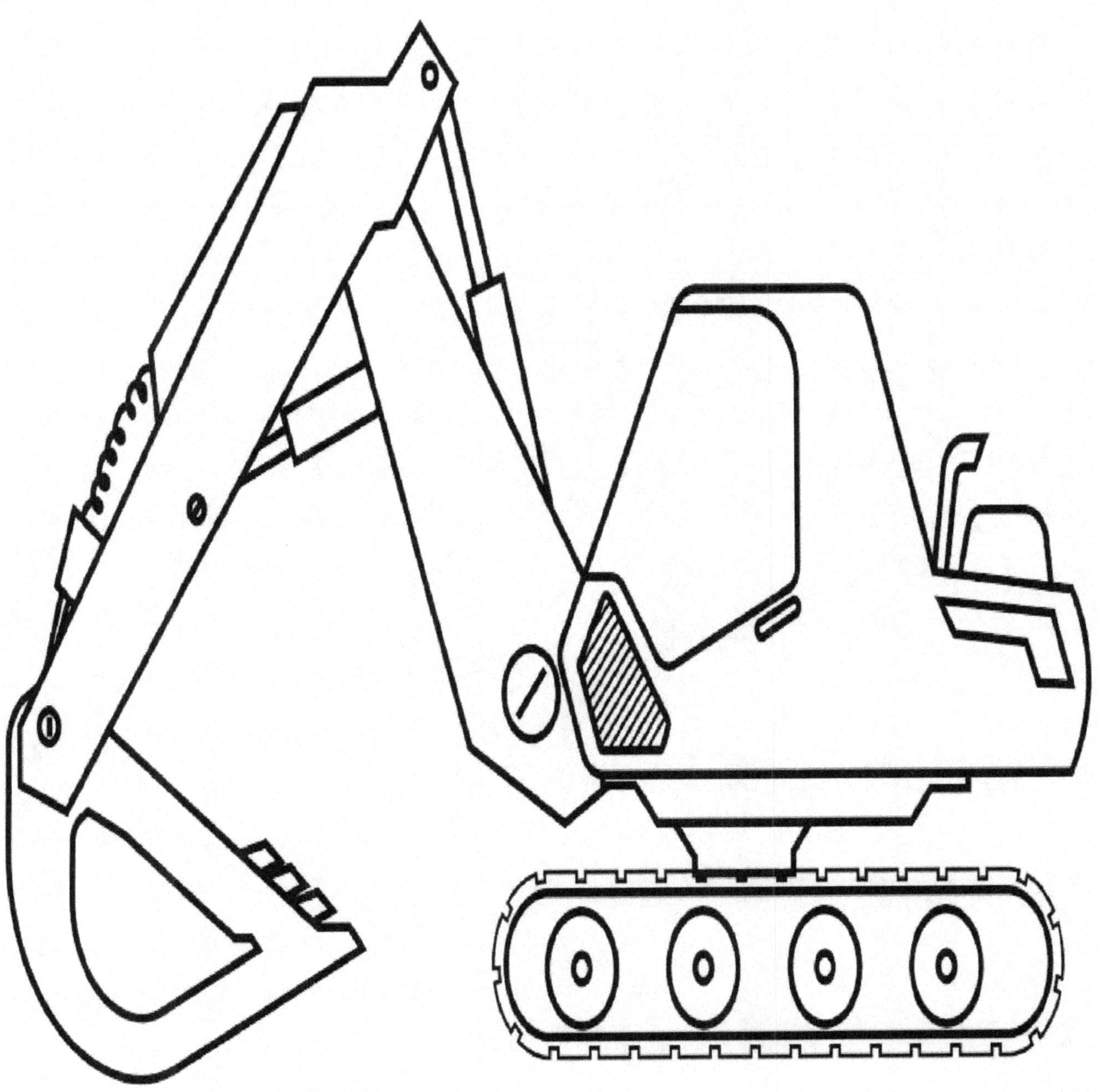

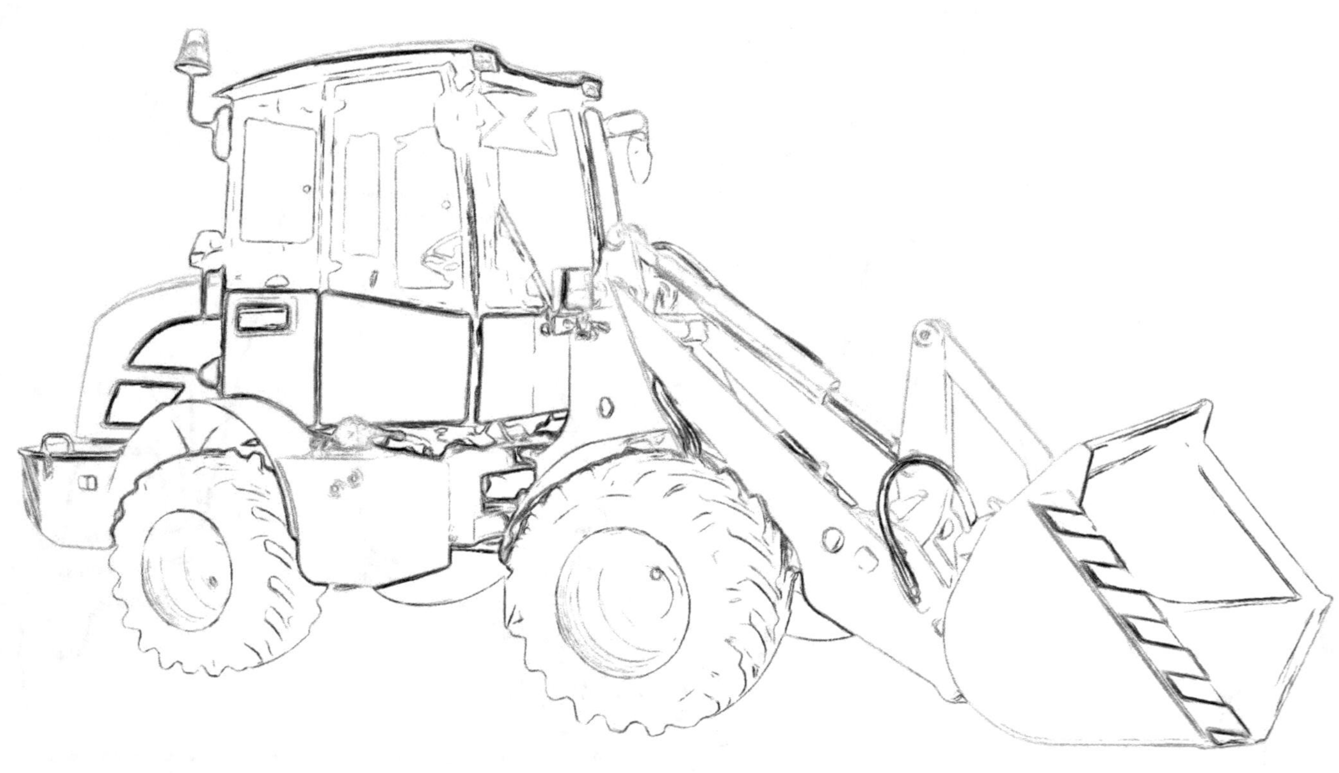

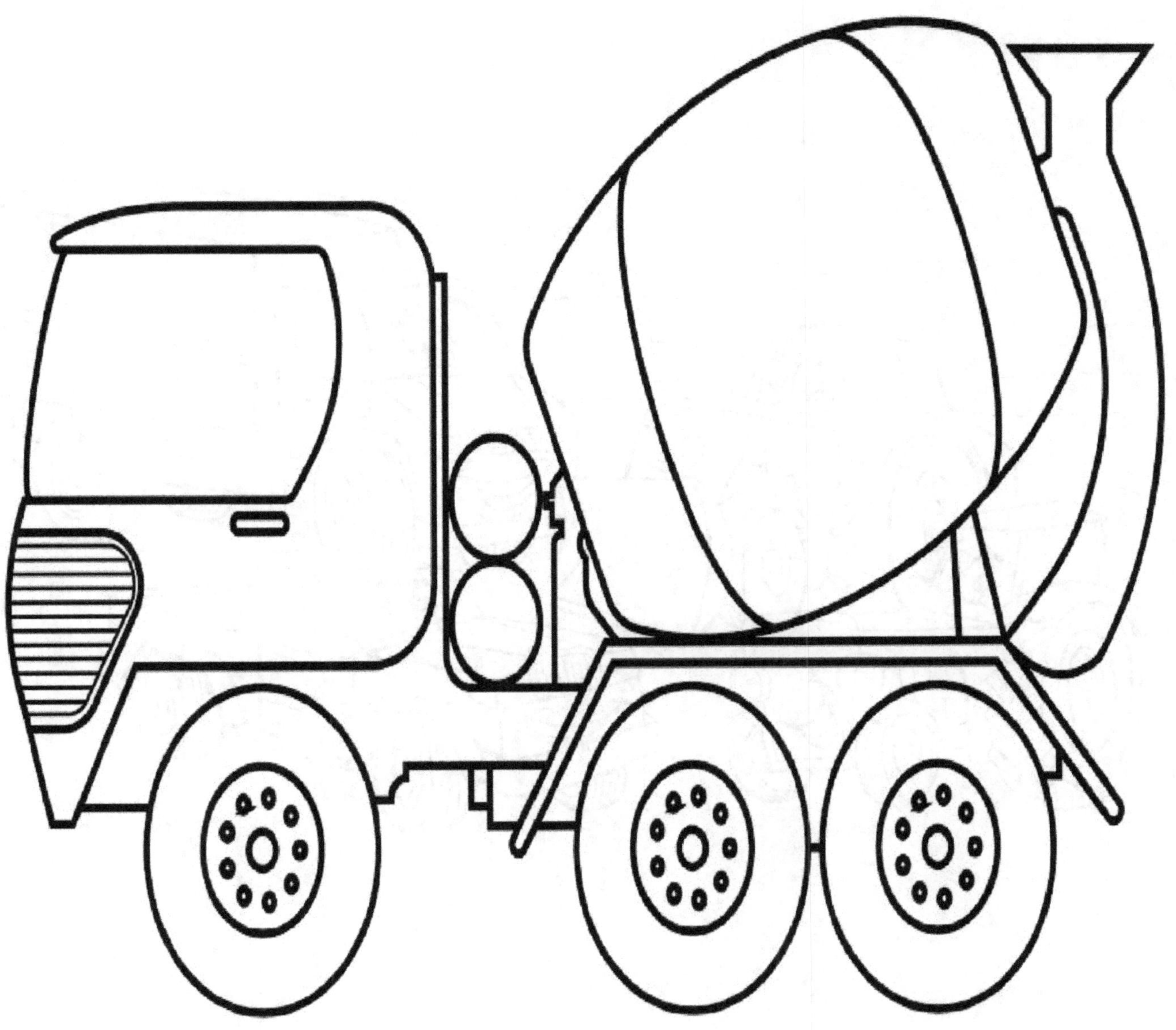

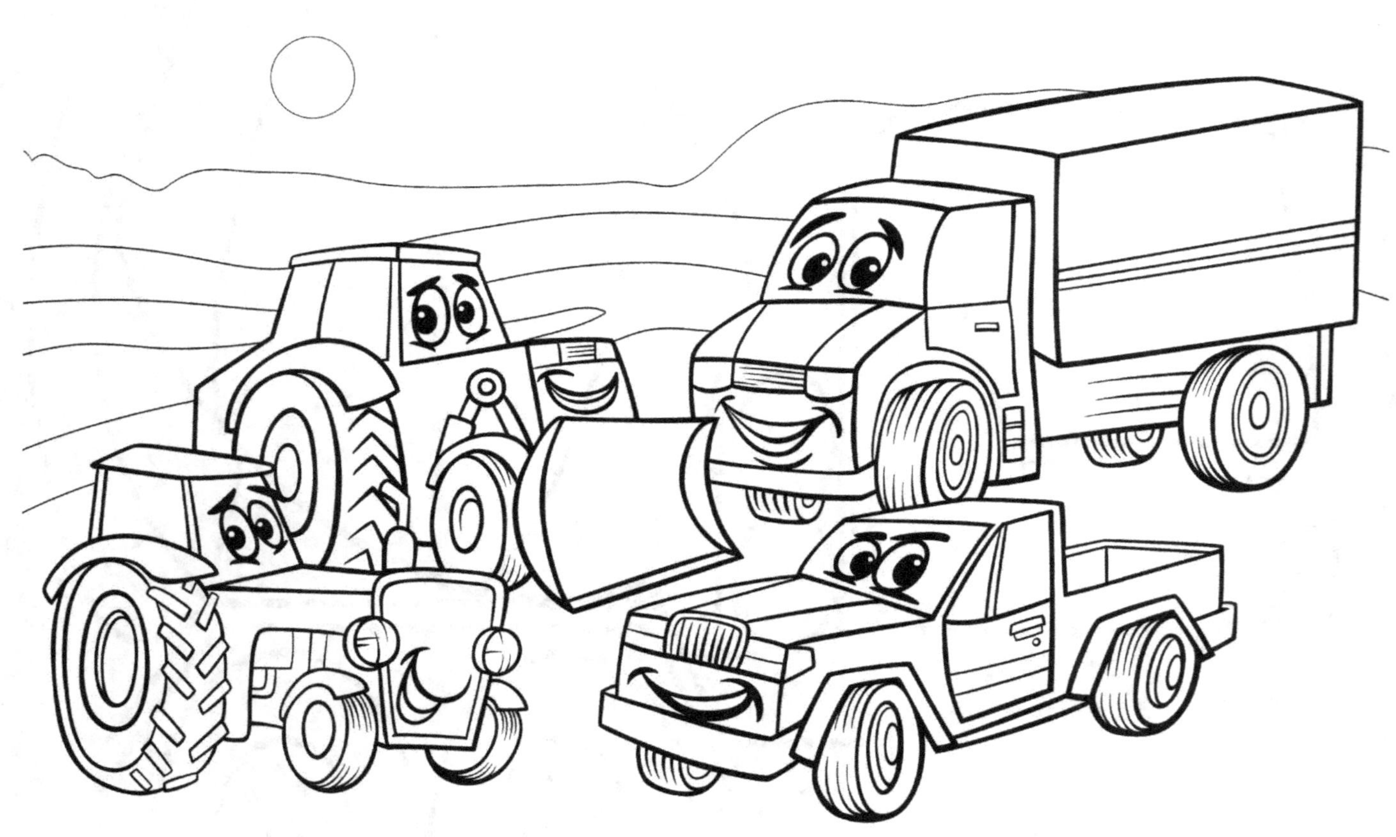

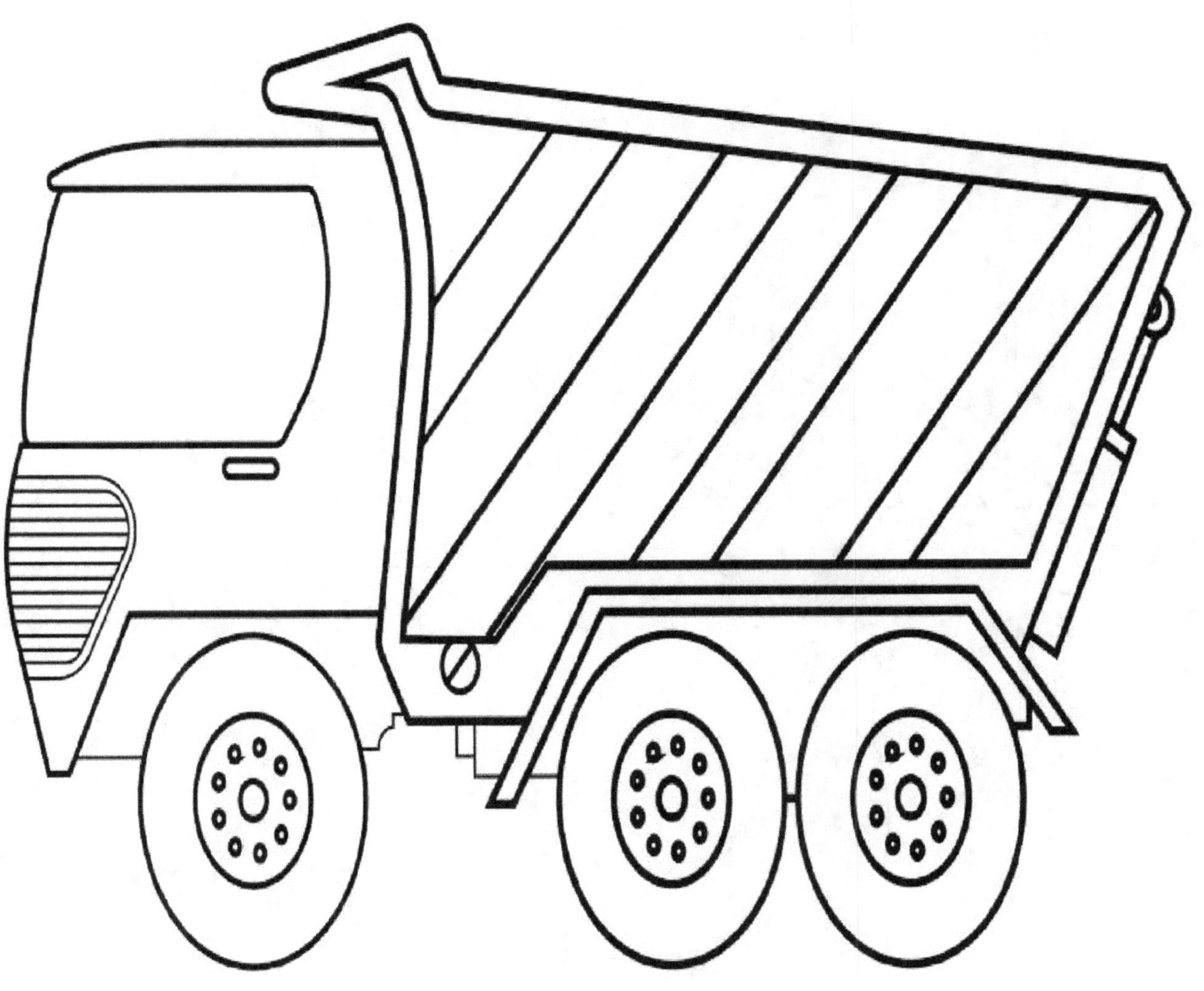

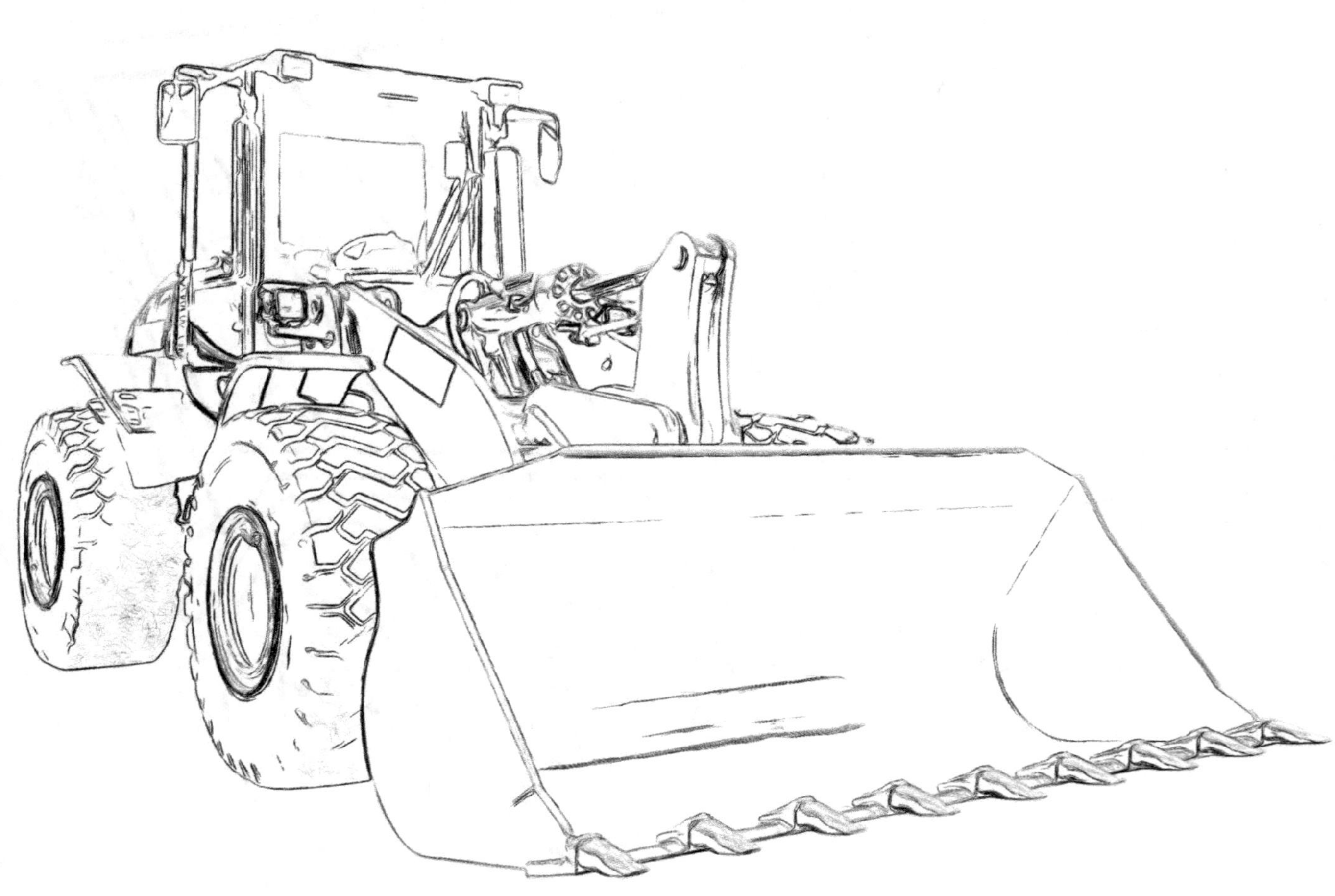

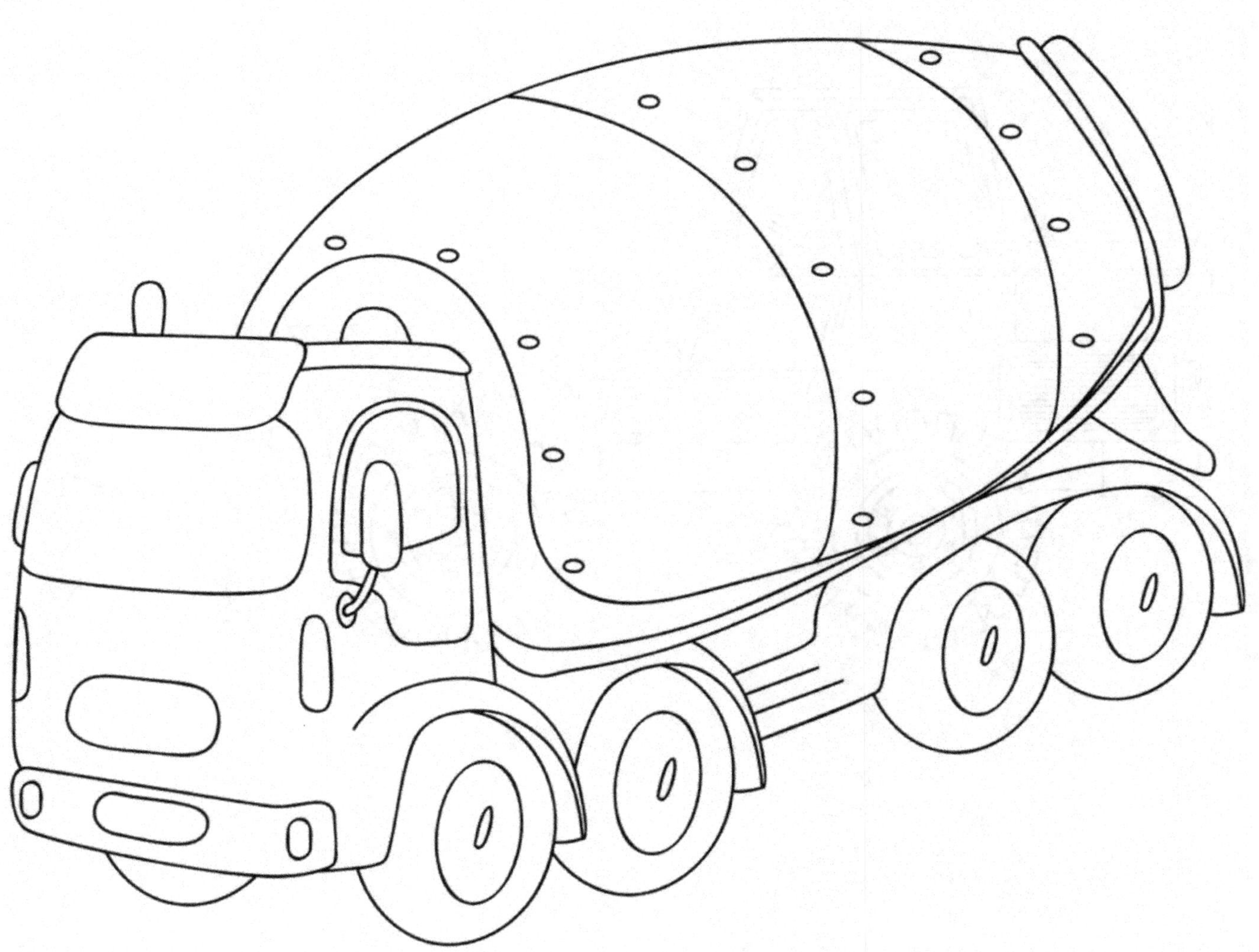

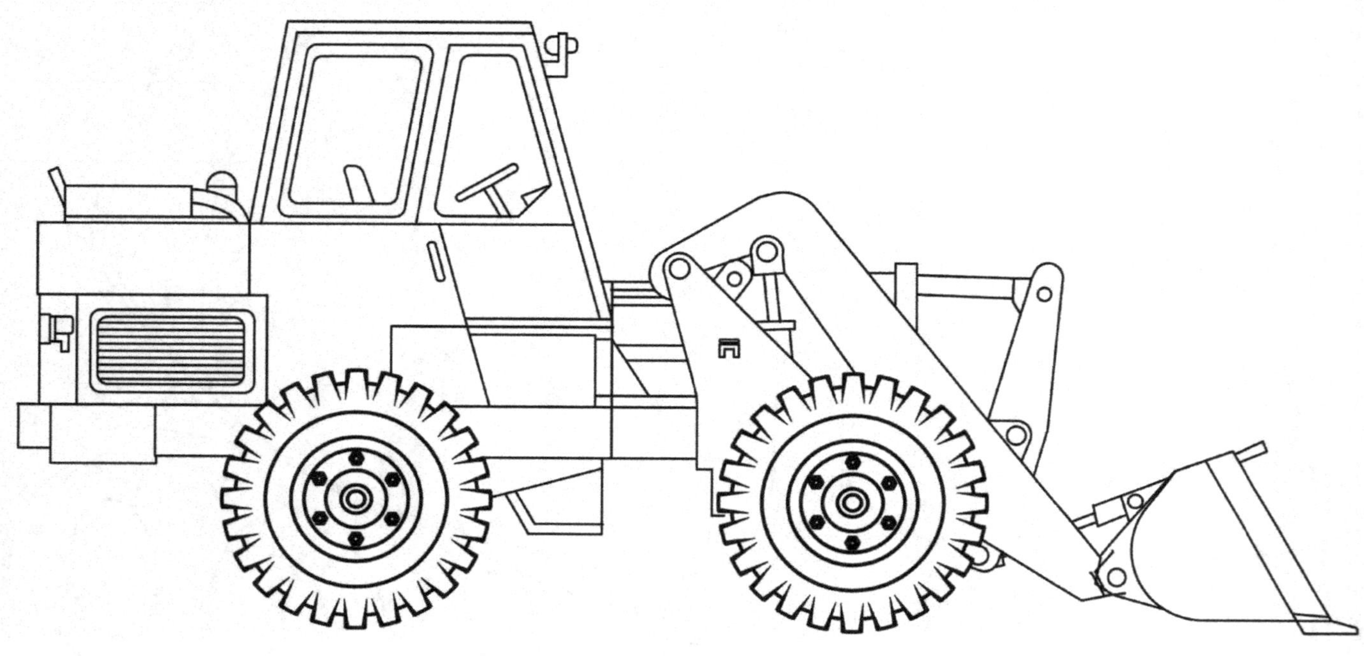

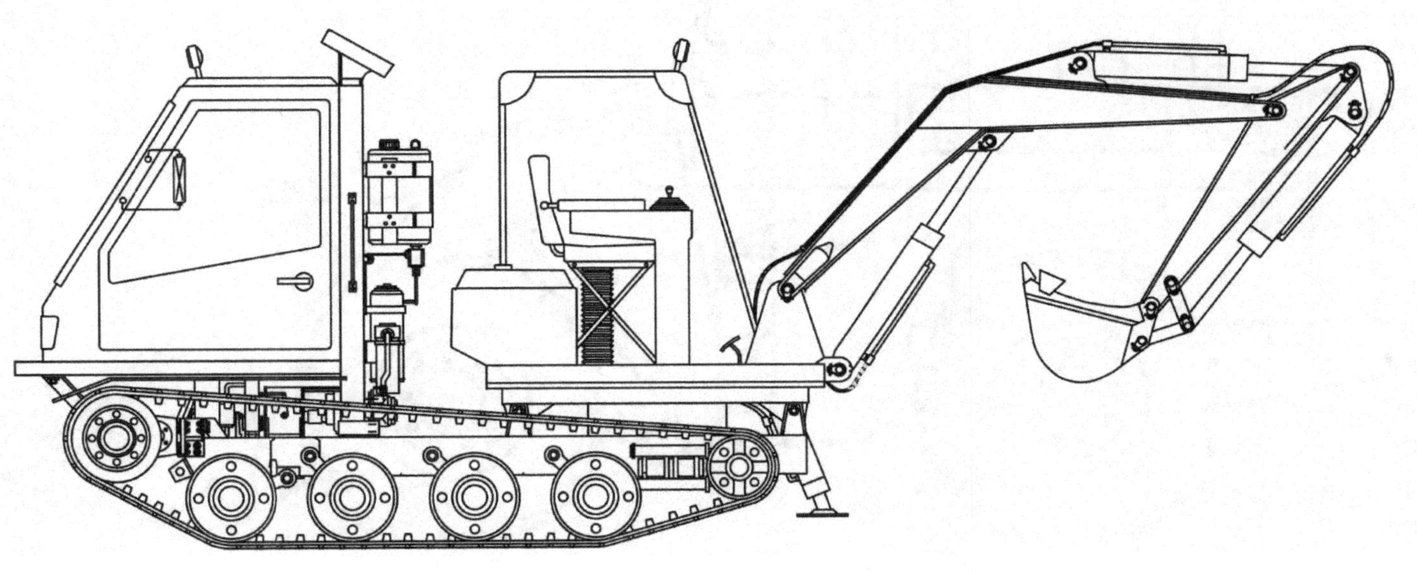

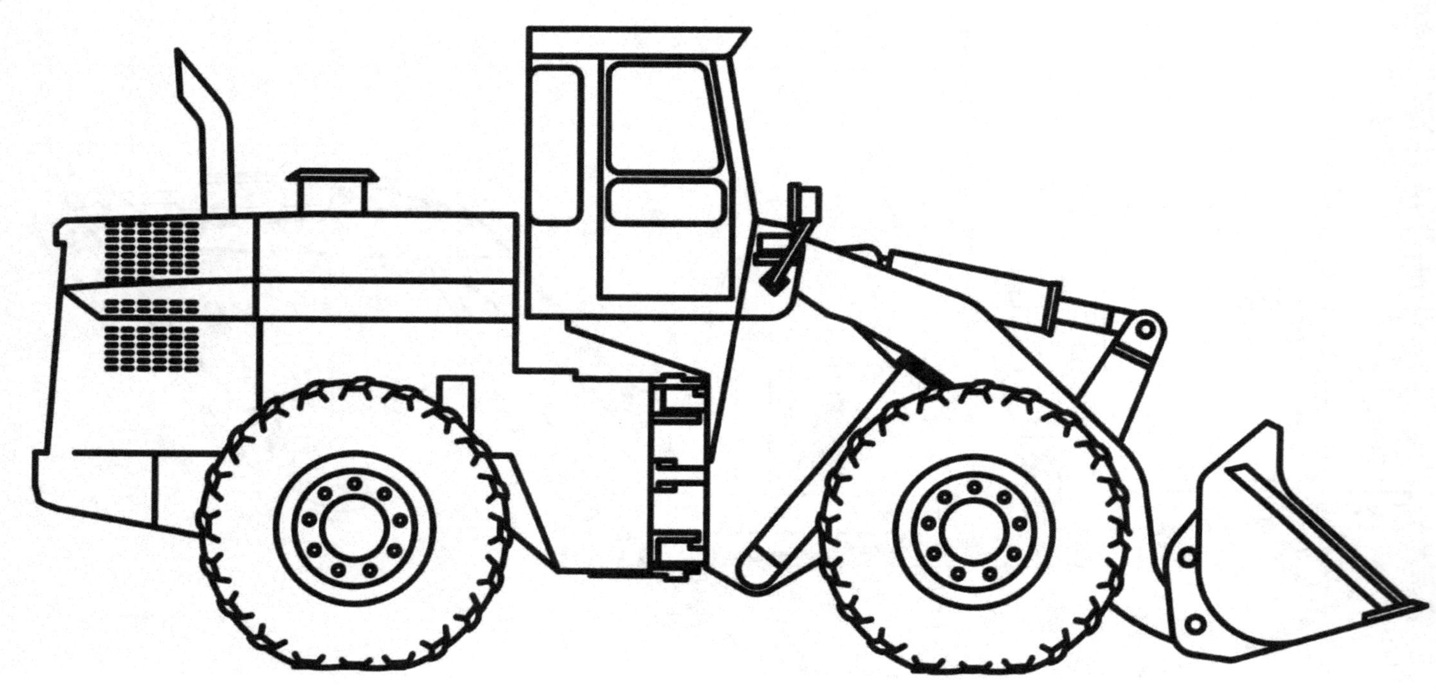

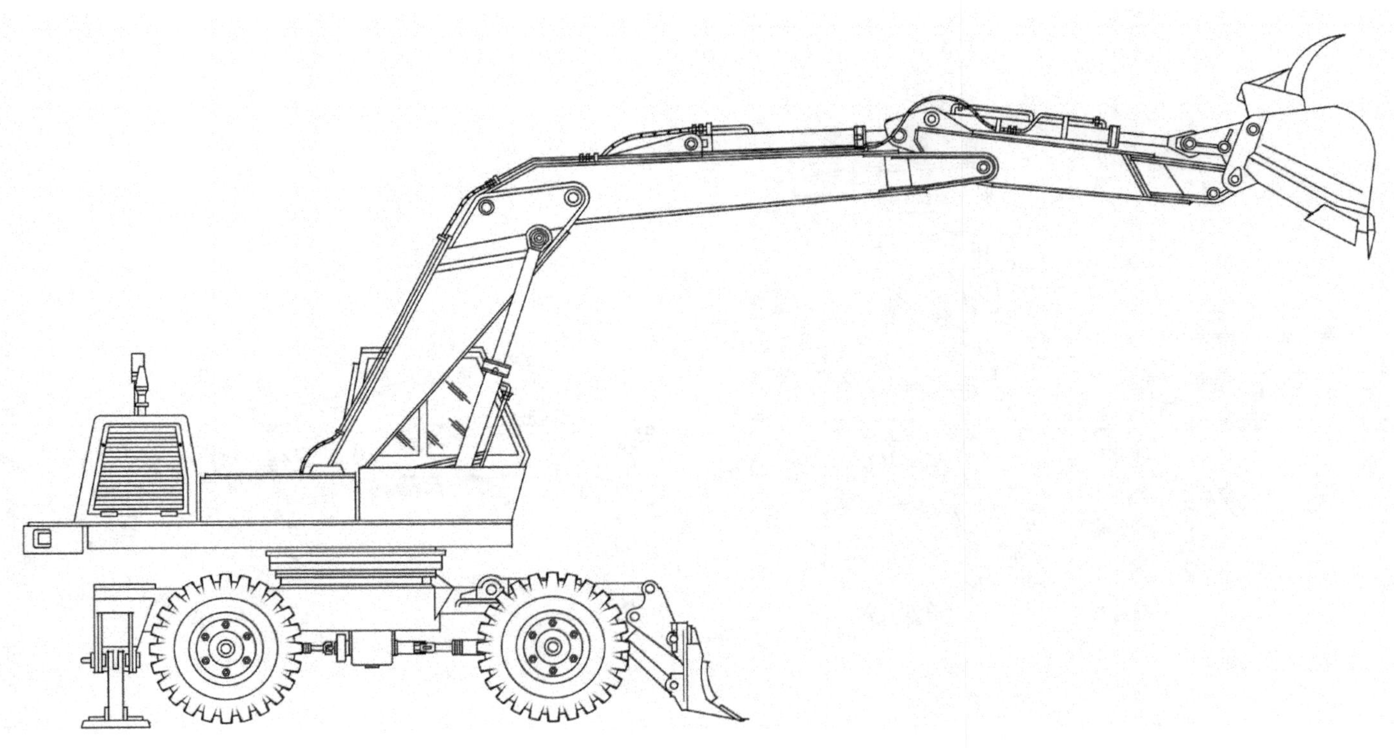

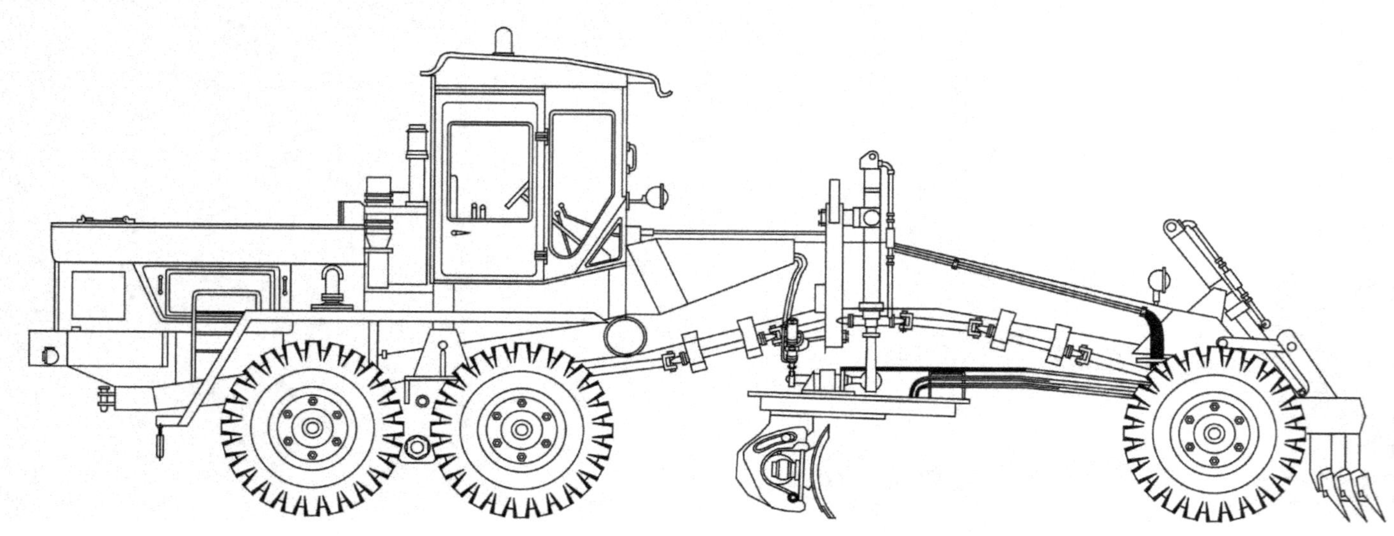

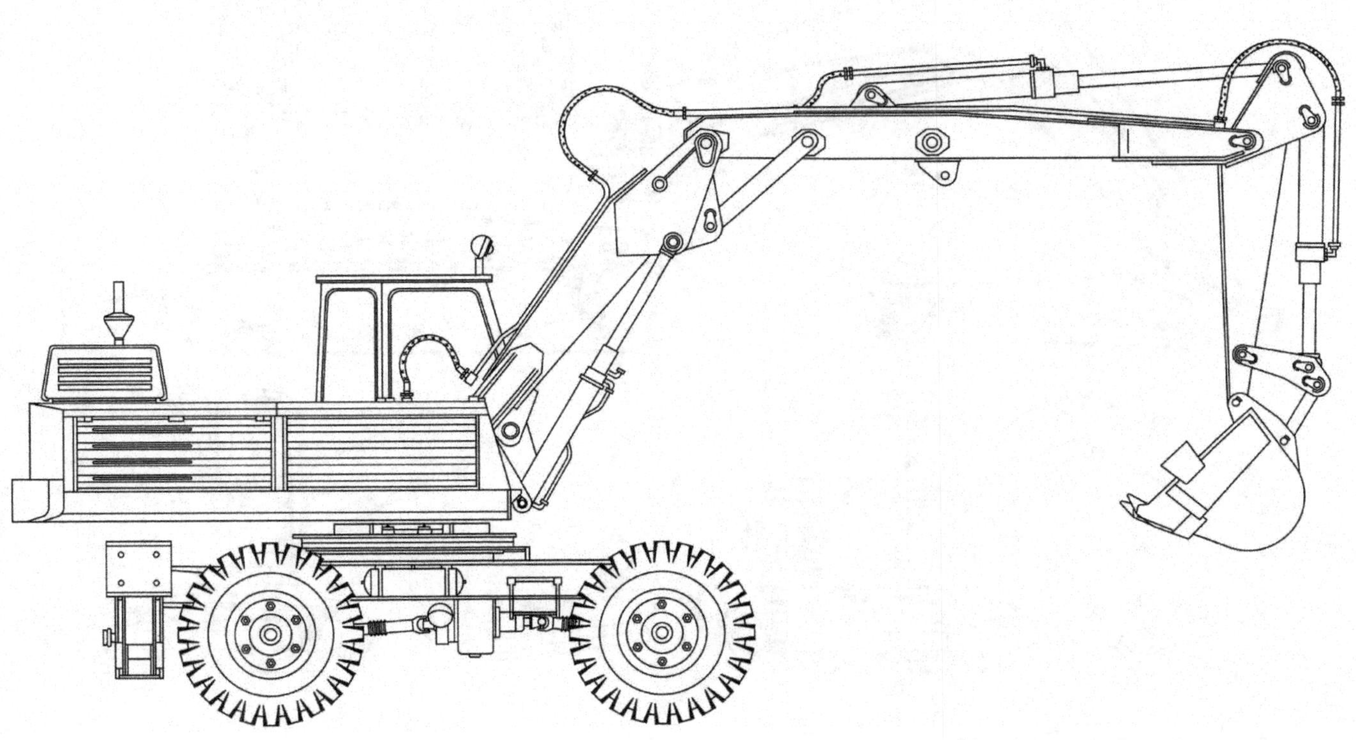

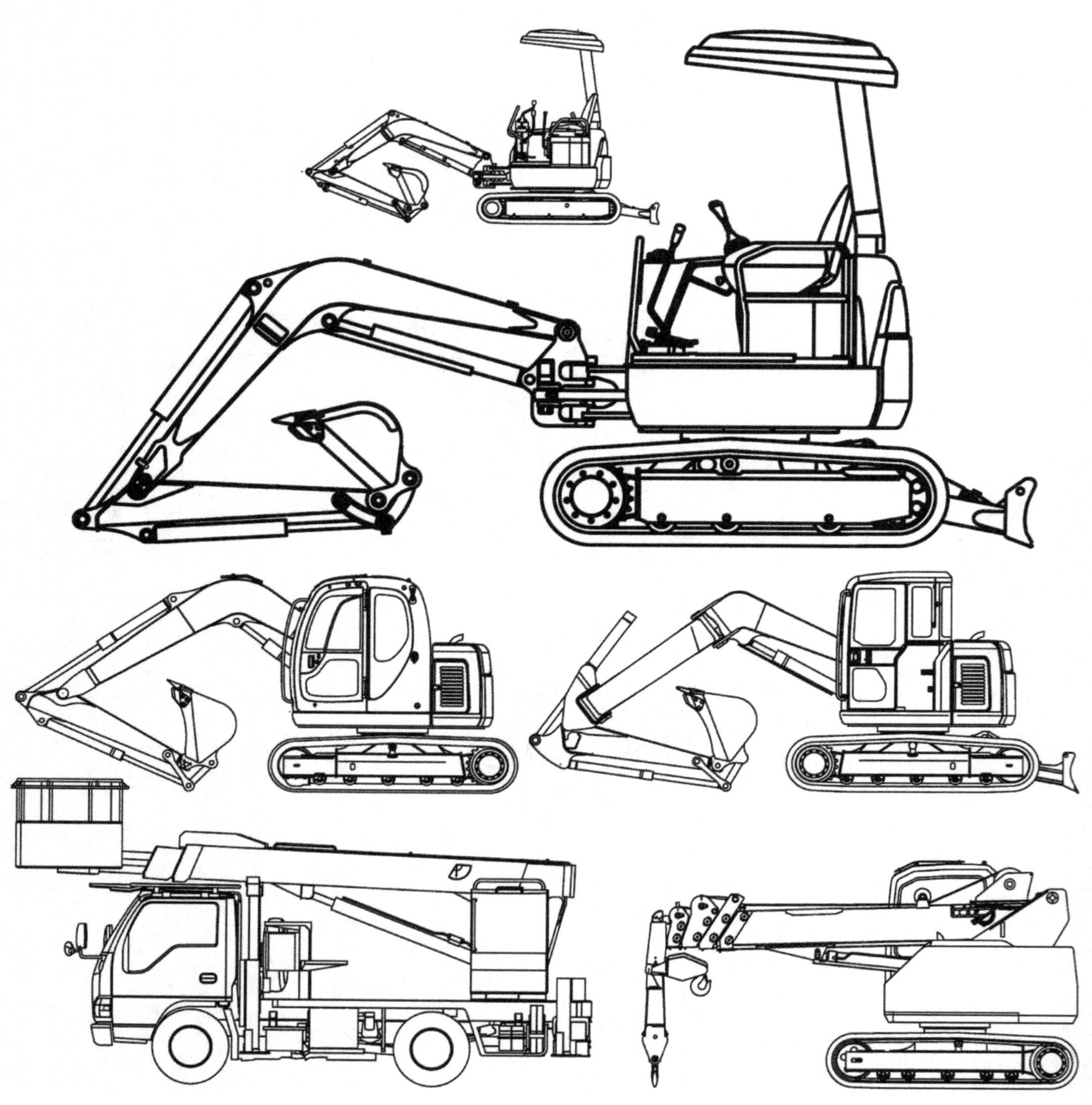

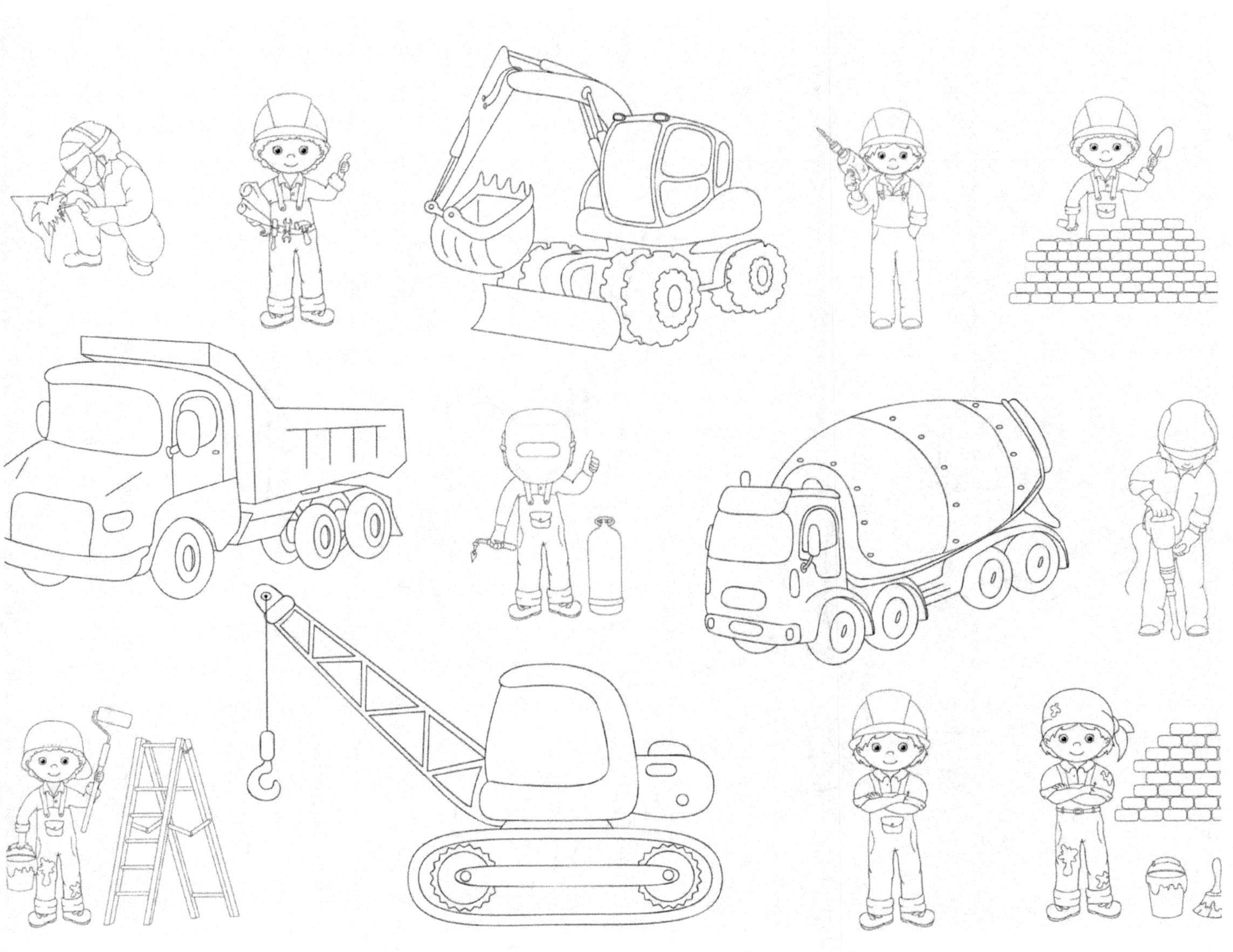

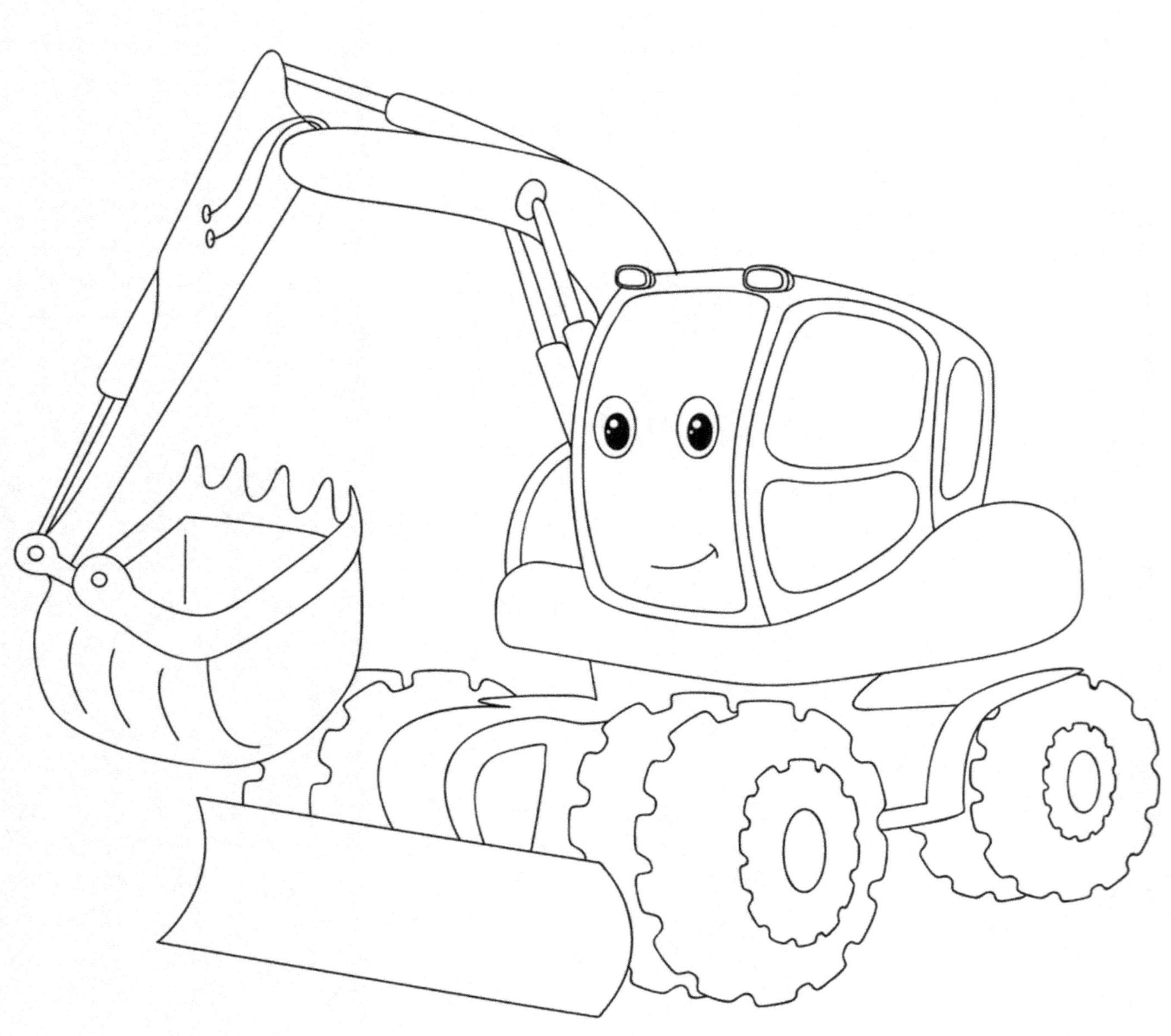

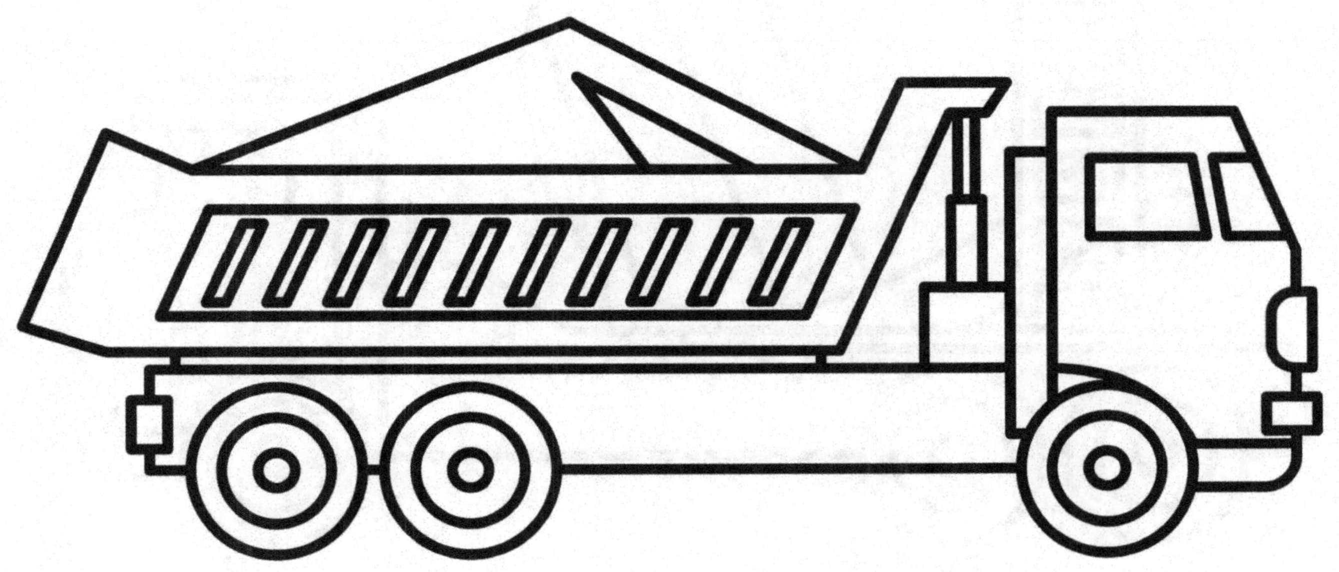

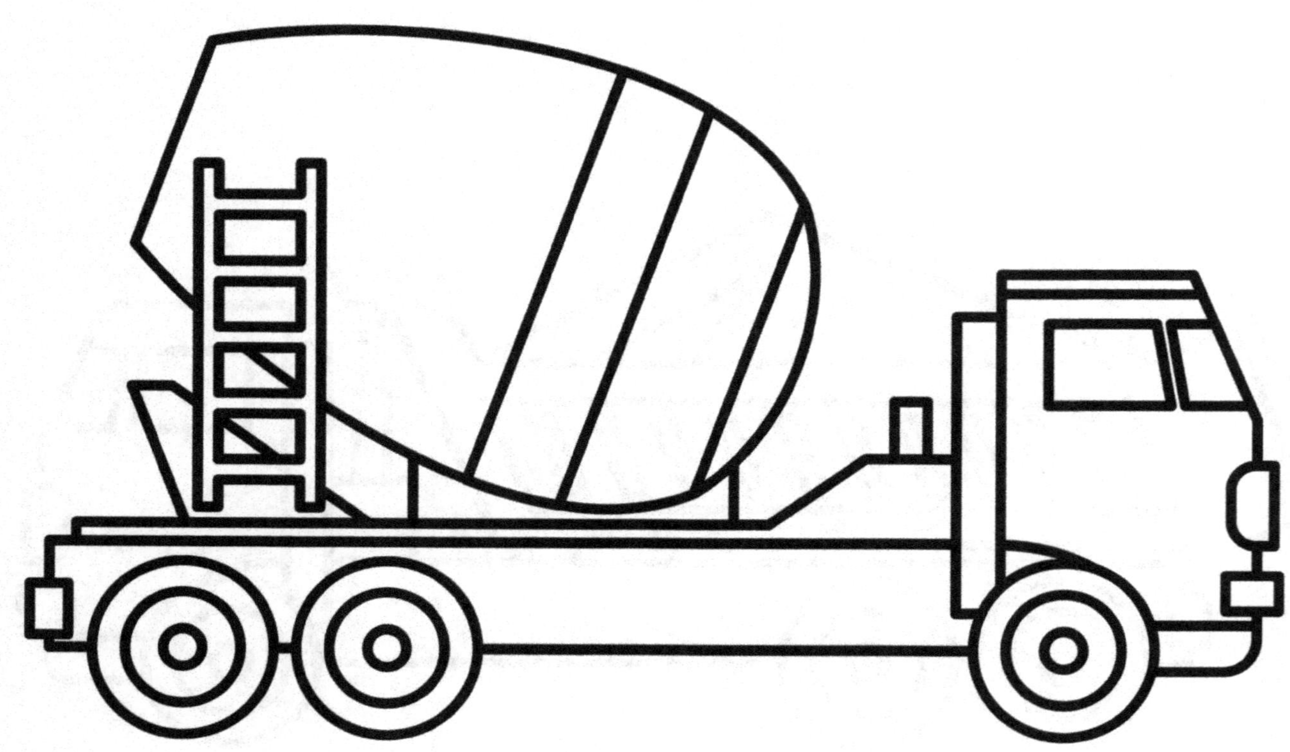

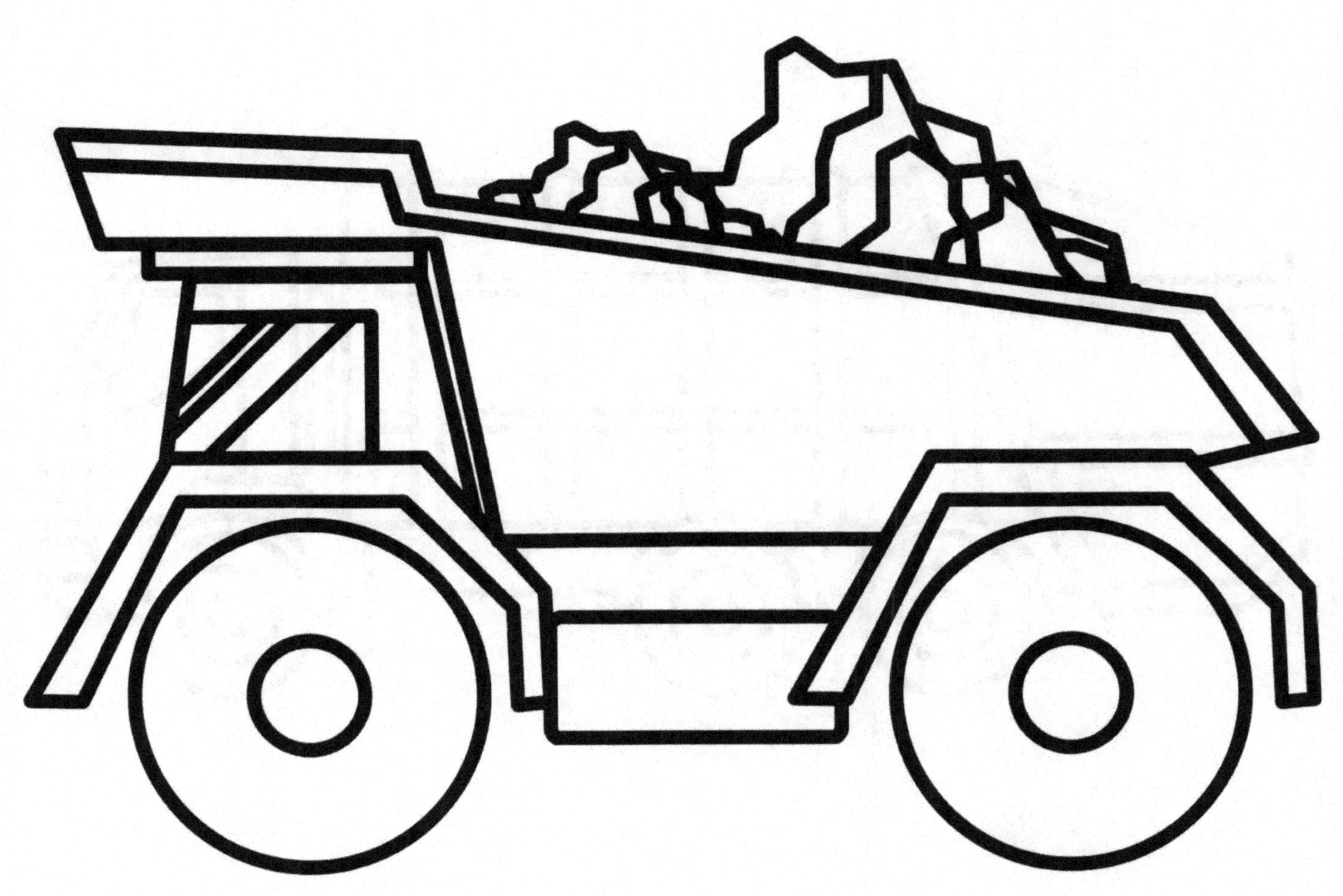

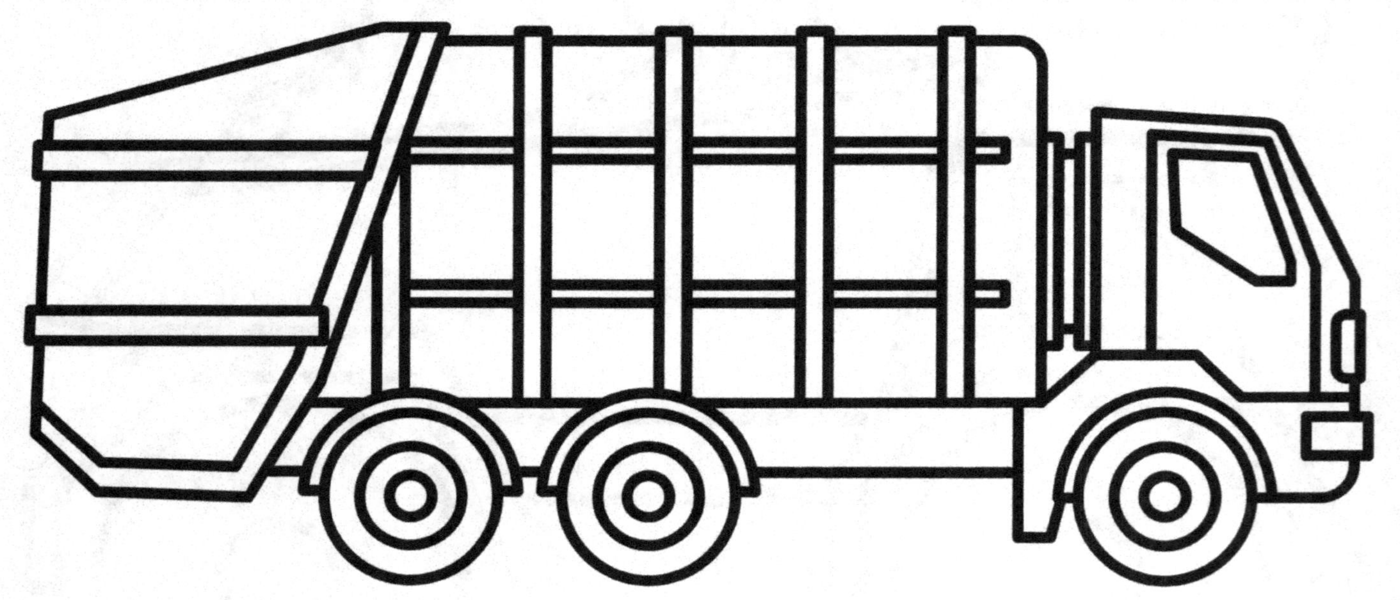

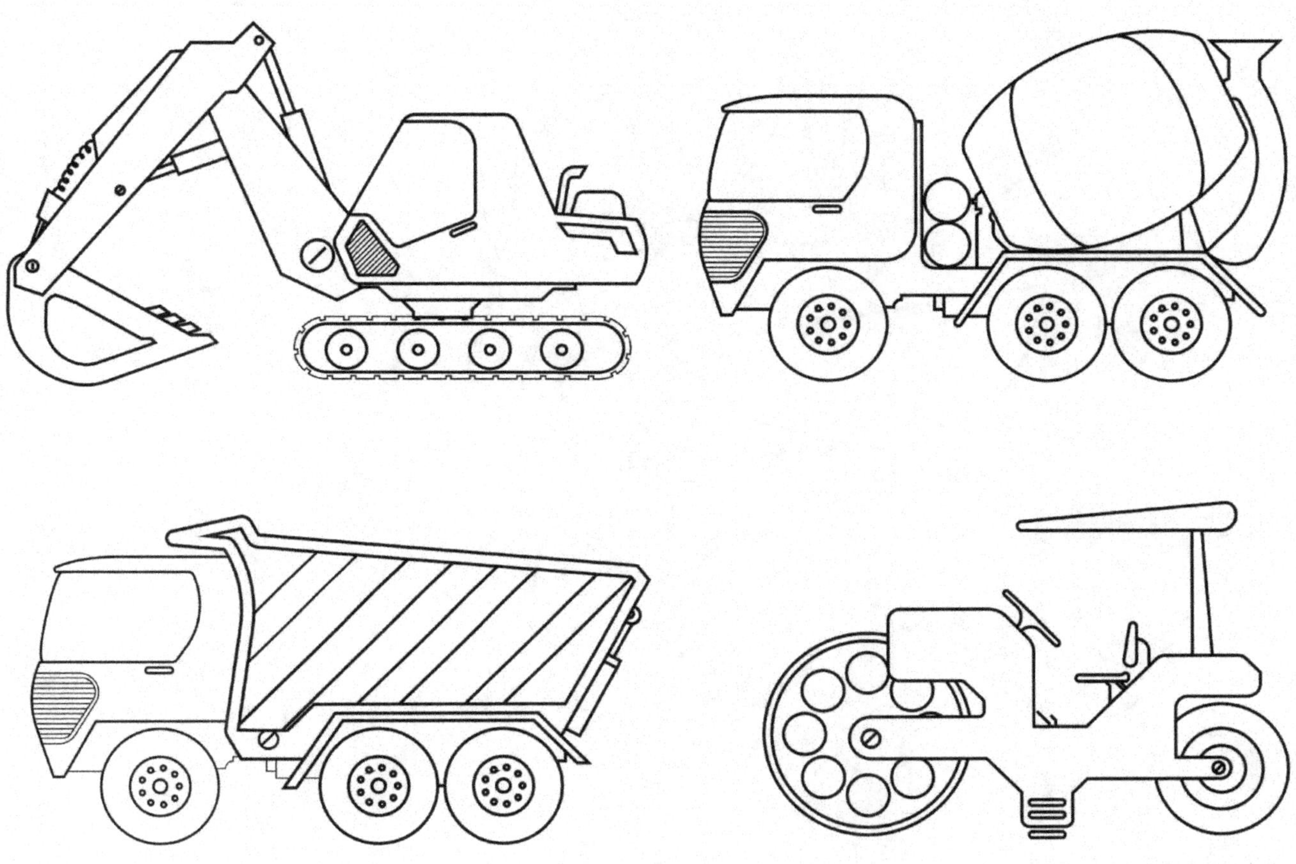

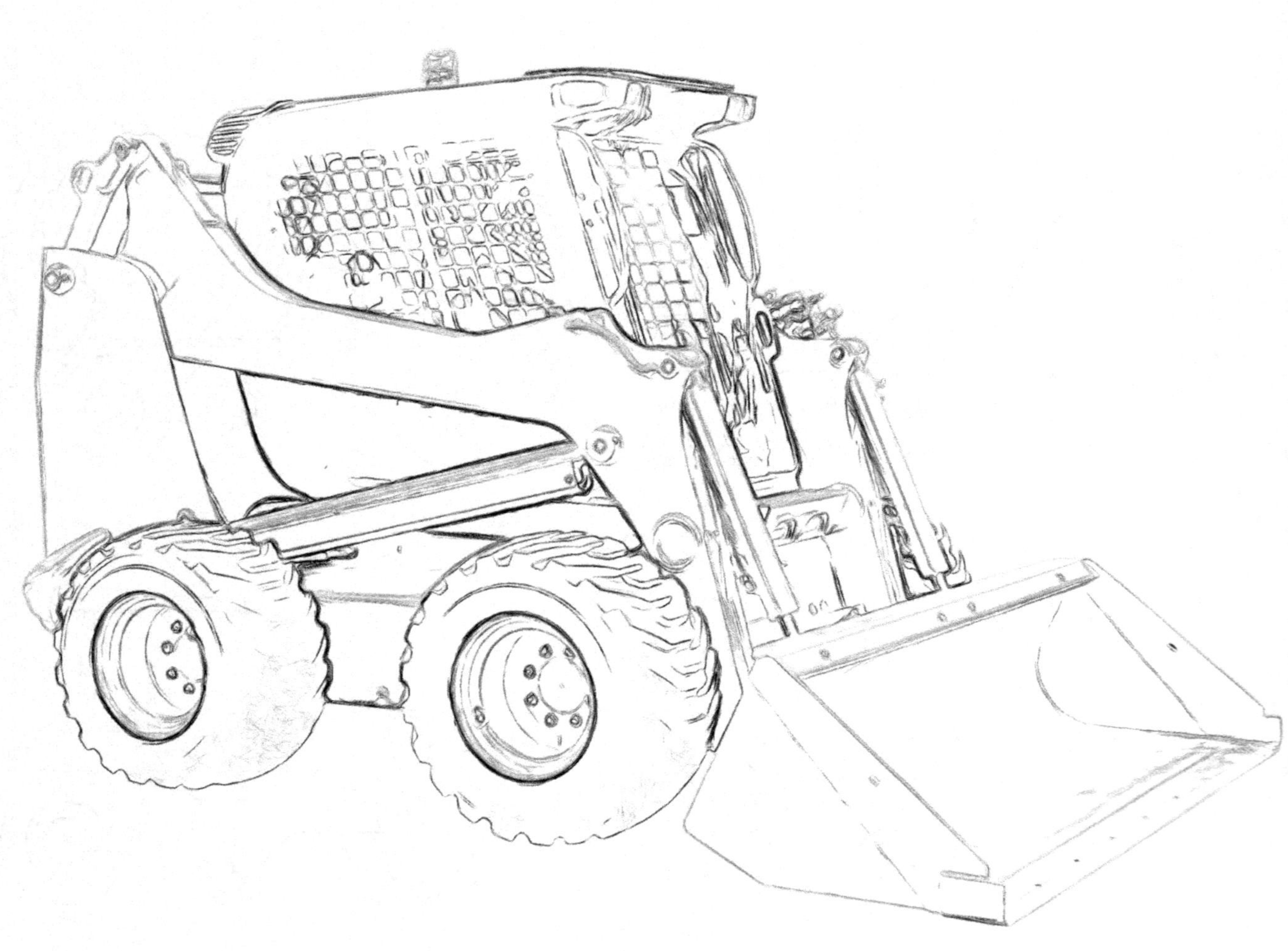

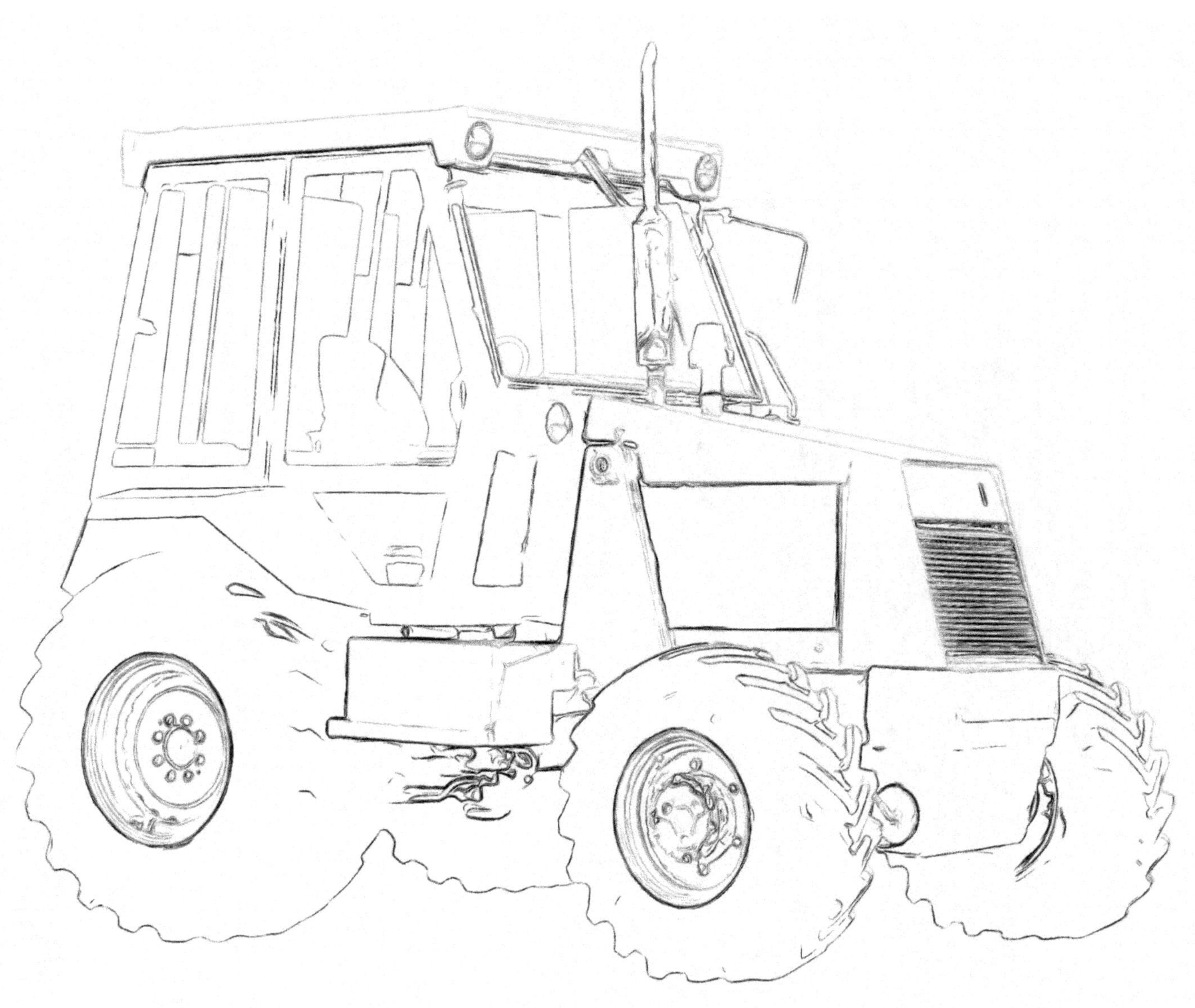

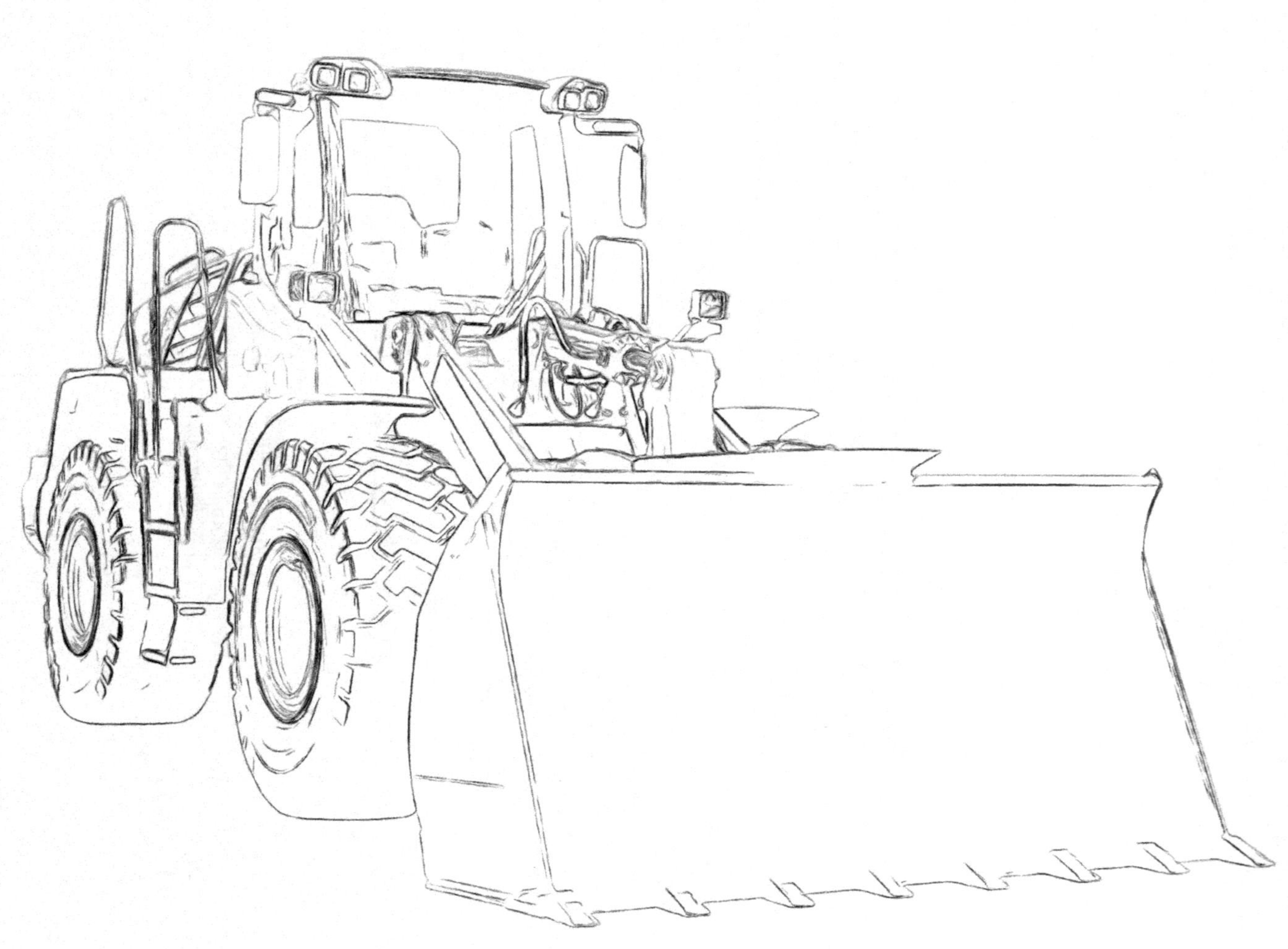

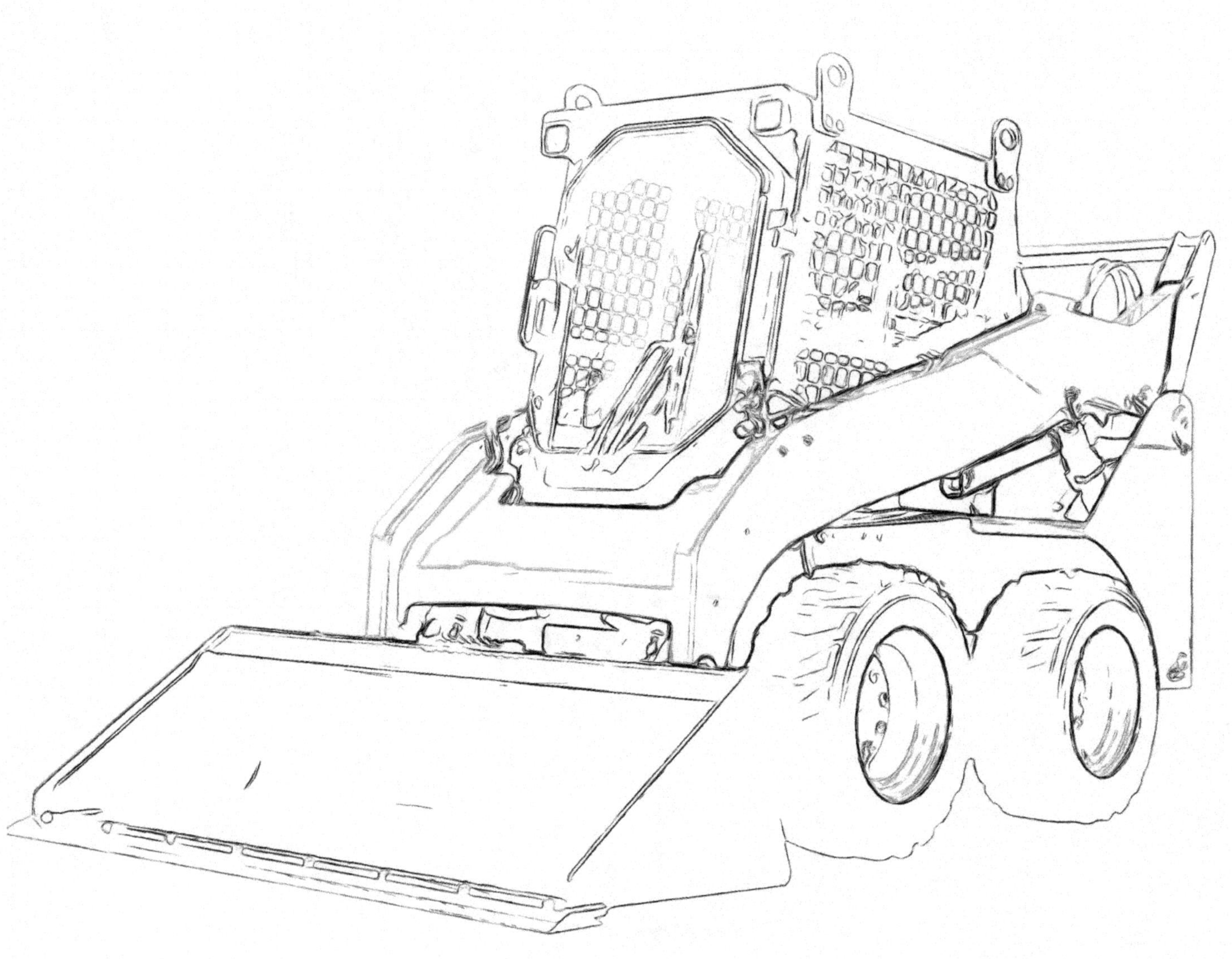

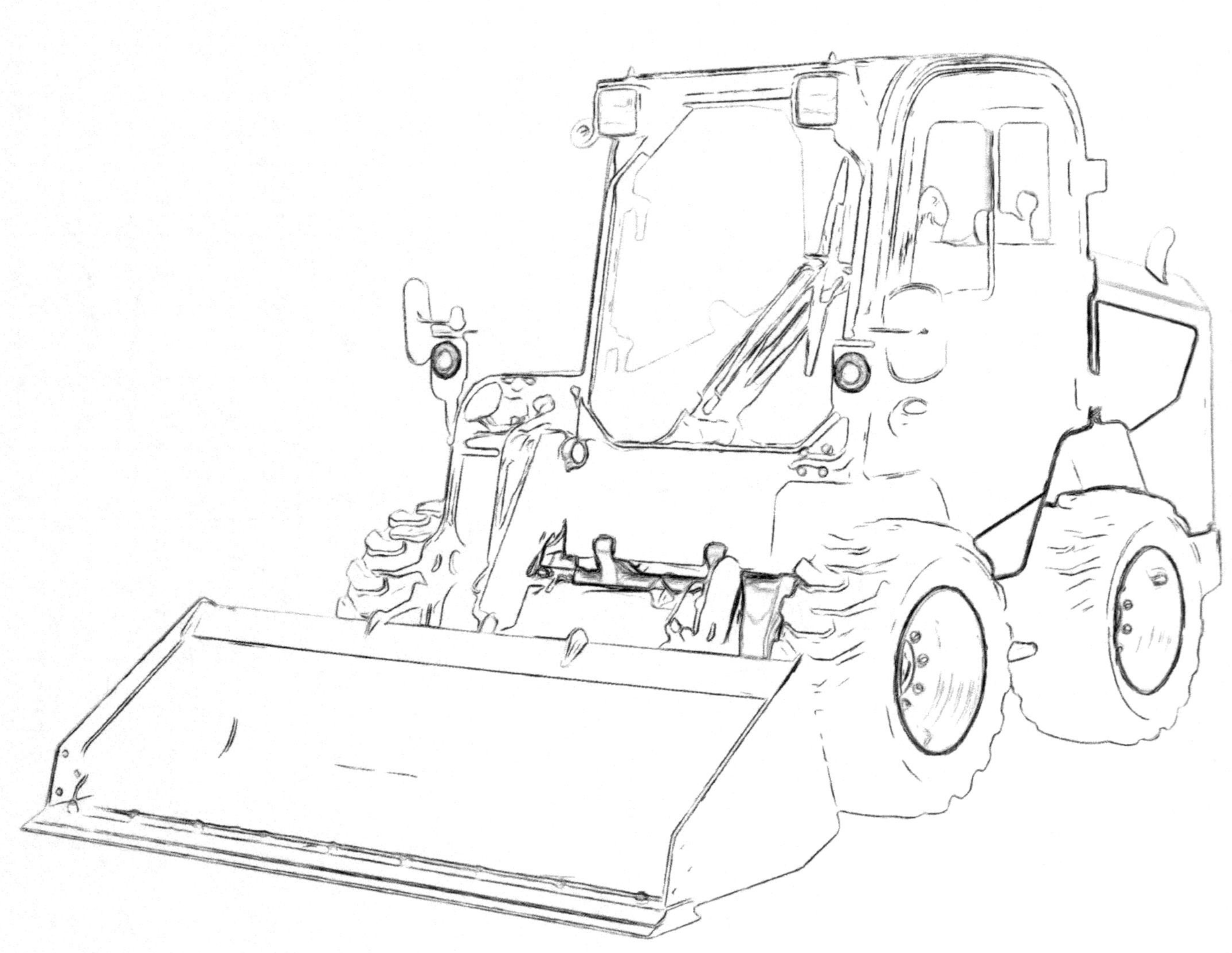

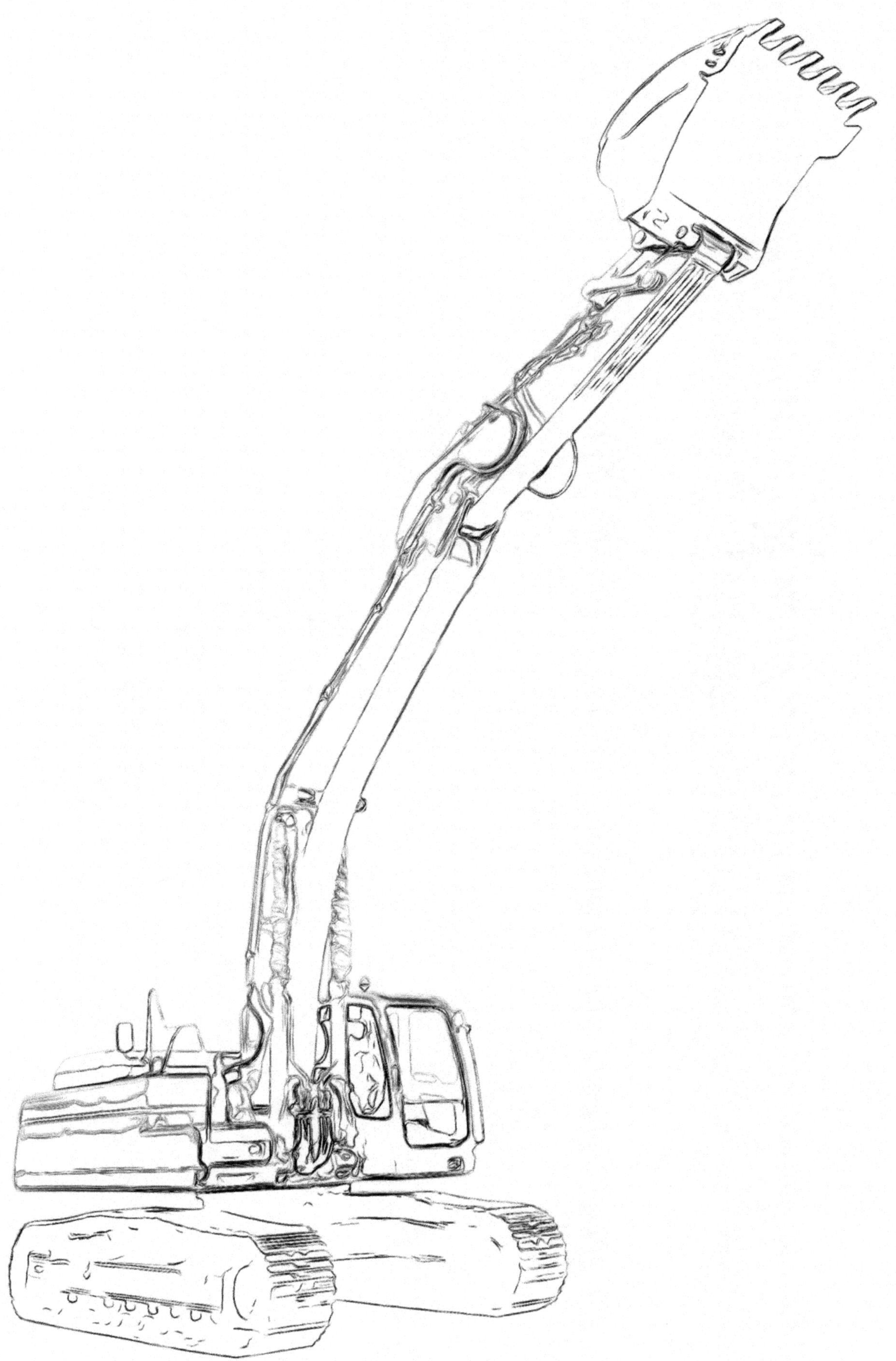

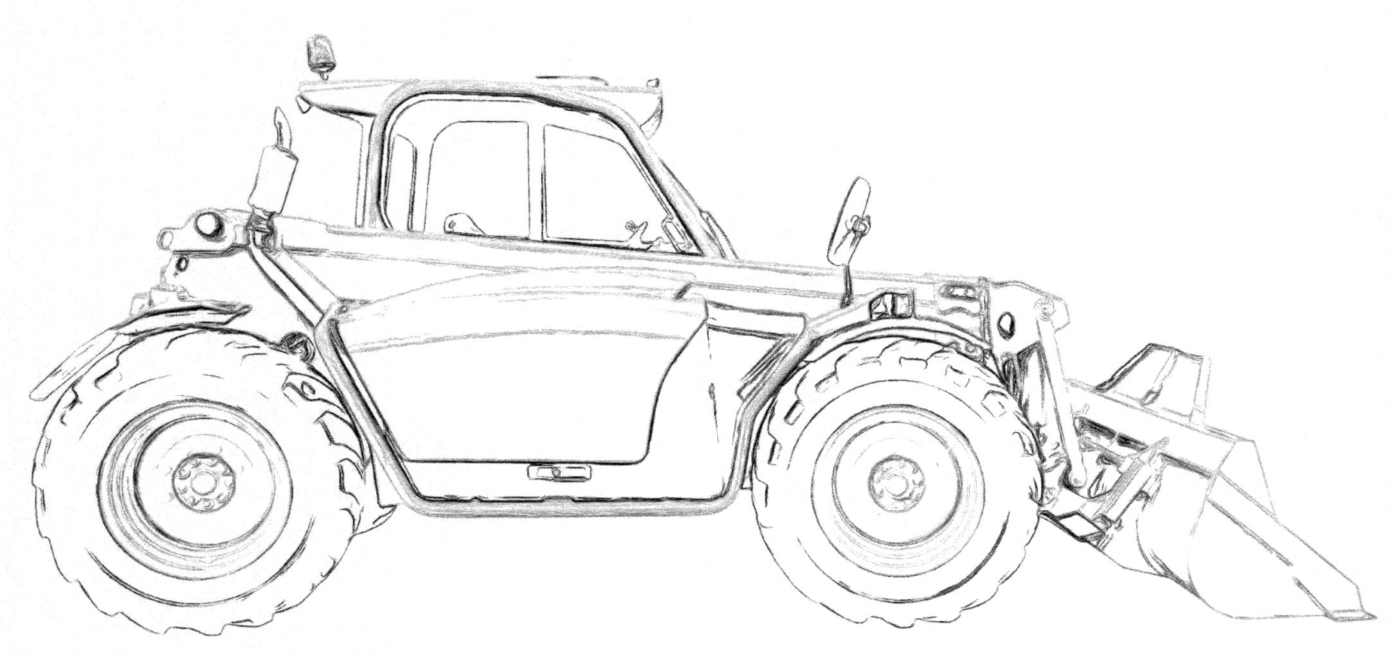

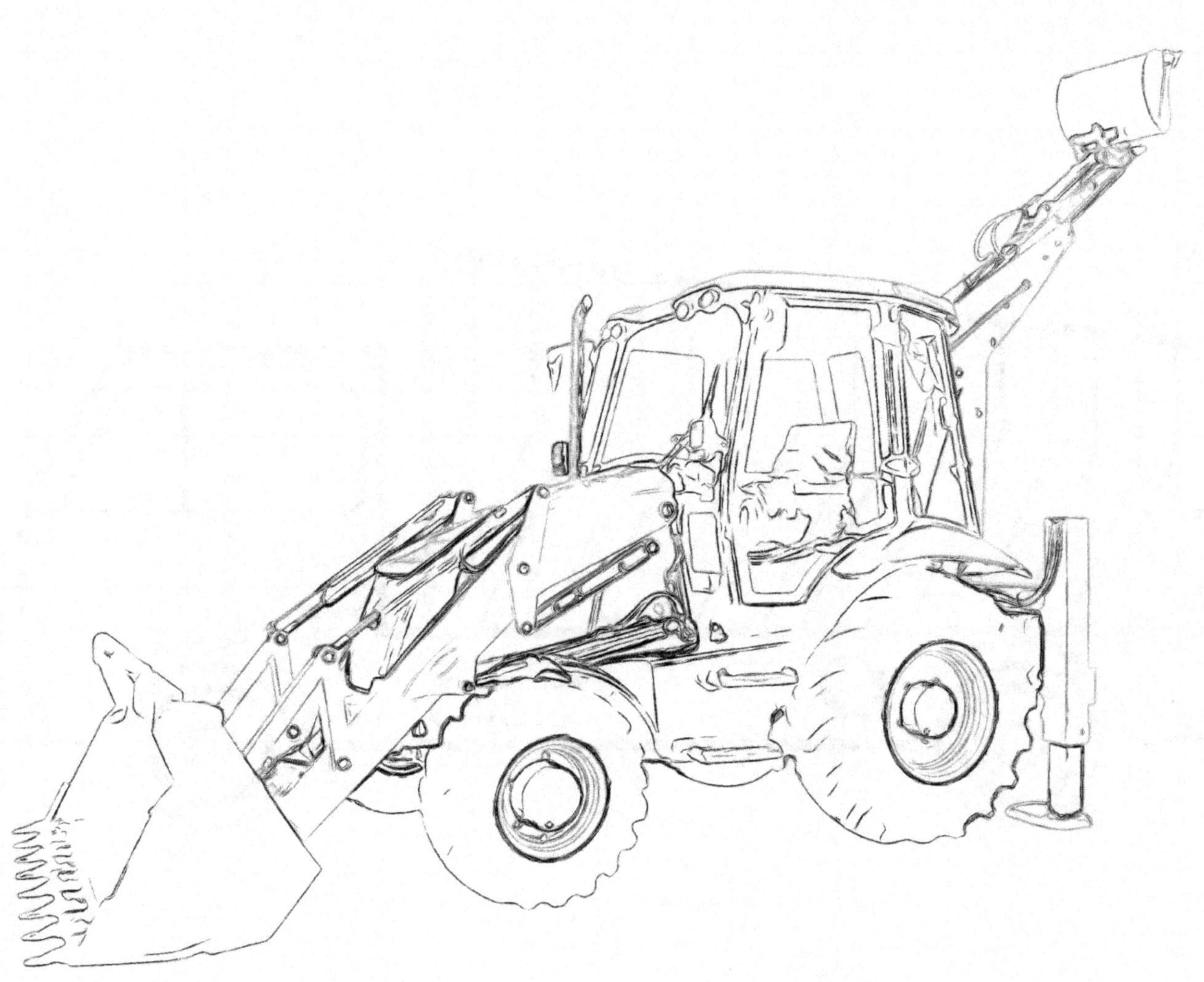

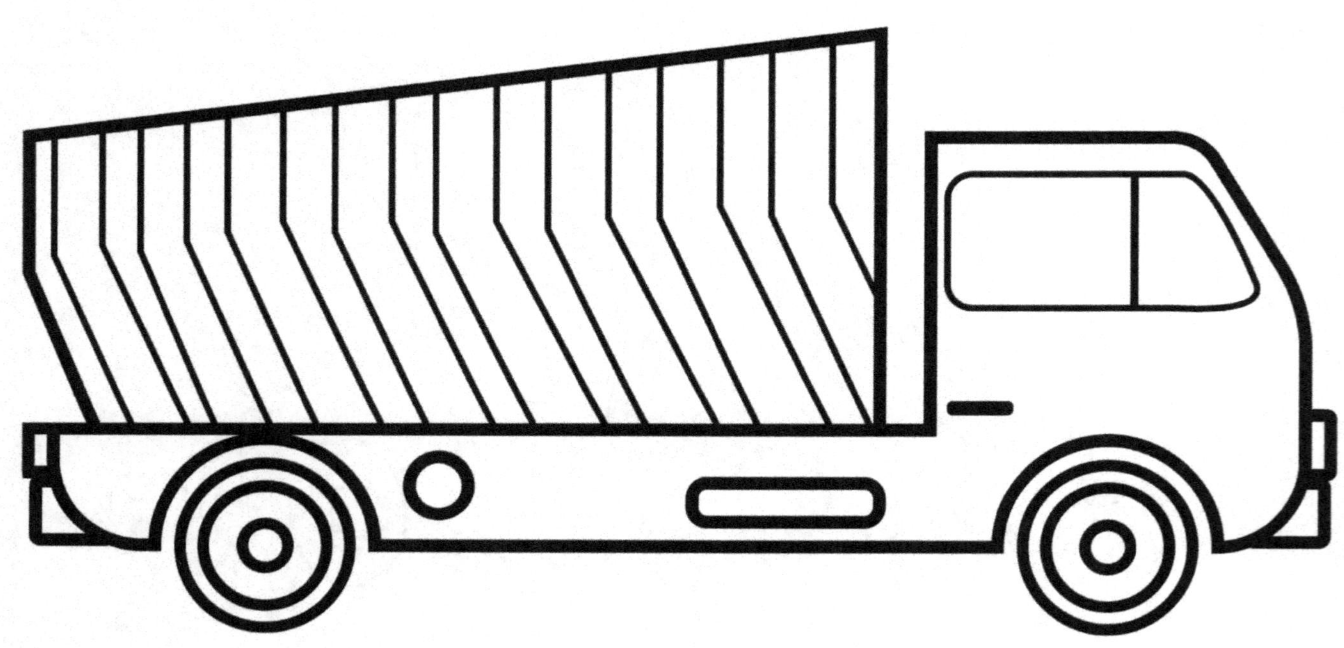

www.ingramcontent.com/pod-product-compliance
Lightning Source LLC
Chambersburg PA
CBHW080320030726
47593CB00009B/2814